216 40
3084

PROCÈS-VERBAL

DE LA SÉANCE

DE LA

SOCIÉTÉ

DES AMIS

DE LA CONSTITUTION

DE VITRY-LE-FRANÇOIS.

Non nobis, sed Rei publicæ nati sumus.

Ce n'est pas pour nous, mais pour la Patrie que nous existons. *Cic. Epit. fam.*

LE vingt-trois Mars, seconde année de la liberté, à trois heures de relevée, un grand nombre de Citoyens Actifs de la Ville de Vitry-

A

le-François, se sont réunis dans une des Salles de l'Hôtel de l'Arquebuse, à l'effet de former une Société patriotique, sous le nom *des Amis de la Constitution*. M. Formel, Commandant de la Garde Nationale et M. Moreau, Capitaine, s'étant trouvés les plus anciens d'âge, le premier a présidé l'Assemblée, et le second a fait provisoirement les fonctions de Secrétaire. On a unanimement pensé que le premier devoir d'une Société rassemblée pour le soutien de la Constitution, étoit de porter son hommage au Corps Municipal, dont le patriotisme et l'attachement à cette même Constitution n'ont cessé de se manifester jusqu'à ce jour, et dont les soins multipliés ont su entretenir un calme perpétuel dans cette heureuse Cité. En conséquence, MM. Daux, Négociant, Le-Febvre (Deville,) Capitaine au sixiéme Régiment d'Infanterie, et Chateaux, homme de Loi, ont été nommés pour porter à la Municipalité le vœu de la Société.

De retour dans l'Assemblée MM. les Députés ont dit s'être acquittés de leur mission ; et M. Lefebvre l'un d'eux, a déposé sur le Bureau une délibération de la Municipalité, dont a été fait lecture par M. le Secrétaire, laquelle délibération contient une assentiment complet au vœu de la Société.

MM. Victor, Pere de la Charité, et Daux, Négociant, s'étant trouvés, après MM. les Président & Secrétaire, les plus anciens d'âge, ont pris place pour remplir les fonctions de Scrutateurs dans l'éléction à faire d'un Président, de deux Secrétaires et d'un Trésorier.

L'Assemblée ayant décidé que l'éléction de ces différents fonctionnaires seroit faite, savoir, celle de M. le Président, à la pluralité absolue des suffrages, et celle de MM. les Secrétaires et Trésorier à lapluralité relative, il a été procédé alternativement aux différents scrutins. Les résultats ont été reconnus favorables, à M. Lefebvre (Deville,) pour la fonction de Président, à MM. Chateaux et le Fol fils, pour celles de Secrétaires, & à M. Charlon, pour celle de Trésorier. Ces Officiers, ayant été proclamés, ont pris leur place au Bureau.

Monsieur le Président a représenté que la mission importante que lui avoit donné son Corps, de procurer des Soldats à la Patrie, nécessitoit de sa part de fréquentes absences. Il a proposé, et la Société a arrêté qu'il seroit élu un Vice-Président, dont les fonctions n'auroient lieu que durant le premier mois de l'établissement de la Société. En conséquence il a été procédé au scrutin, et M. Formel ayant réuni la majorité absolue des suffrages a été nommé Vice-Président.

Ces opérations terminées M. le Président a dit:

MESSIEURS,

» Il est arrivé ce moment si desiré des uns, si redouté des autres, où la Ville de Vitry sera comptée parmi celles qui n'ont pas craint de témoigner hautement leur zele pour la Constitution.

Non contents d'aimer la Loi dans vos foyers vous vous ralliez ici plus particuliérement autour d'elle, pour la faire aimer en la faisant bien connaitre. C'est ici que vous chercherez mutuélement à vous pénétrer des vrais principes de la liberté et de l'égalité, c'est d'ici que vous répandrez sur tout le District, les lumieres que vous aurez acquises par une lecture commune des papiers politiques et des Décrets sanctionnés, par les instructions que vous recevrez de ce Club matrice auquel la France doit la propagation de la vérité, par la correspondance que vous entretiendrez avec tous les Départements, et enfin par une discussion publique des questions les plus délicates et des plus grands intérêts de la Patrie.

Ce n'est pas assez, MESSIEURS, d'avoir eu le courage de braver la crainte que, pour des raisons diverses, cet établissement cause à beaucoup de nos Concitoyens; il faut vous attendre à nombre de petits obstacles, à mille tracasseries de tout genre. On vous lancera des épigrammes, on versera le ridicule à pleines mains sur vos délibérations les plus naturelles. L'aristocratie et le fanatisme (s'il y en avoit dans cette Ville) la jalousie et l'oisiveté, se réuniront pour vous désunir; mais leurs traits les plus aigus s'émousseront sur l'égide diamentée de votre fermeté, de votre sagesse et de vos bonnes intentions. Quelles calomnies, quelles cabales, qui pourroit prévaloir contre ?

On dit, on dira, » à quoi bon un Club dans
» la Ville de Vitry? N'étions nous pas tran-
» quilles? Au milieu des convulsions générales
» et de beaucoup de crimes, nous sommes de-
» meurés calmes, purs, intacts.... et nous
» avons vu nos voisins agités de troubles et
» de dissentions! Dans les assemblées de ce
» genre, les esprits s'échaufent les uns les
» autres. Le desir de se faire valoir, l'opposi-
» tion des avis engendrent des querelles; les
» haines particulieres y cherchent à intéresser le
» public dans leurs causes, elles y réussissent
» trop souvent; et de cette source, peut-

» être pure, sortent les plus grands maux. »

Voilà ce que disent d'honnêtes Citoyens qui, tenant à leurs habitudes, s'éfarouchent des moindres nouveautés, et leur attribuent des malheurs dont ils ne se donnent pas la peine de chercher la véritable origine. Mais voilà aussi ce que disent *partout ailleurs*, ceux qui redoutent l'influence patriotique d'une pareille Société, & qui n'osant montrer à découvert des sentimens anti-constitutionels, se servent adroitement de ces raisons spécieuses, pour détourner une colonne de ce fluide philosophique, de ce laict végétal de la liberté qui est pour eux ce que l'eau est pour les hydrophobes. Mais, Messieurs, vous leur répondrez qu'il y a 500 Clubs dans le Royaume, et que partout, loin d'avoir porté le fer et la flamme, ils se sont occupés d'arrêter les incendies, et d'arracher des victimes à la fureur des peuples, pour les mettre sous la protection de la Loi ; que ces Clubs sont un frein salutaire à l'Aristocratie, une sauve-garde, une sentinelle publique;

que si Vitry est demeuré paisible, il le doit au caractere naturélement sage, spirituel et patriotique de ses habitans ; que ce caractere se retrouvera dans les membres de votre Club ; que vous êtes tous des pères de famille ou des propriétaires intéressés au maintien de l'ordre ; que, travaillant en plein jour, toutes vos opérations seront soumises à la censure de vos concitoyens ; que vous êtes là pour découvrir et déconcerter toutes les œuvres de ténébres ; que les corps administratifs, quoique composés *de bons Magistrats*, peuvent commettre des erreurs, et que vous serez peut-être assez heureux pour les en avertir à tems ; que vous traduirez les Loix pour les faire bien comprendre à cette portion utile de Citoyens que leurs travaux éloignent de l'étude ; qu'en vous formant, en vous dressant aux affaires, vous préparez des fonctionnaires publics ; qu'à proportion aucune Cité ne contient, autant que la nôtre, de Citoyens sans emploi, et que c'est ouvrir un vaste champ à leur émulation et au dévelopement de leurs talents ; enfin,

Messieurs, vous leur répondrez par votre patriotisme et par vos actions.

Si nous devons avoir des regrets, si l'on a quelques reproches à nous faire, c'est davoir attendu jusqu'à ce jour à partager les périls & les travaux civiques de ceux qui vont devenir plus particuliérement nos Freres. Ce sont eux vraiment qui ont eu à lutter ! tandis que nous bornant à jouir du fruit de leurs soins, à les admirer et à les bénir, tranquilles spectateurs, nous n'avons fait aucun effort *public* pour les aider à aplanir la voie de vérité. Nous entrons dans la carriere alors qu'elle est toute ouverte, nous nous présentons dans la lice contre des adversaires vaincus ou rendus, ou du moins fatigués. N'espérons donc pas participer à toute la gloire des vainqueurs ; mais tels que des troupes fraiches, qui, sur la fin d'un combat, poursuivent des ennemis dispersés, attachons nous avec ardeur à la poursuite des préjugés, faisons ensorte qu'aucun ne nous échape, et puissions nous bientôt en dresser un trophée, qui constate à tout l'univers, le triomphe des vrais amis de notre Constitution.

Le Club des Jacobins, séant à Paris, s'est affilié toutes les sociétés patriotiques des divers Départements, et par elles il a été instruit, tous les jours, de la situation réelle de la France vue sous toutes ses faces ; il leur imprime le mouvement du patriotisme le plus éclairé, et les avertit par une active correspondance, de toutes les menées, trames et machinations des aristocrates leurs voisins, qui souvent eux mêmes n'agissent que par l'impulsion de ceux de la Capitale.

C'est à cette sage institution que nous devons l'inestimable bien d'une régénération totale opérée sans guerre civile. Le sang a coulé sans doute..... une seule goute nous arracheroit encore des larmes ! Mais enfin, sur vingt-six-millions d'individus, pendant deux années des plus grands troubles, en y comprenant la prise de la Bastille et la disette, on ne compteroit pas quatre mille victimes, et sur ces quatre mille, qu'on me cite un seul ecclésiastique, qu'on dise si plus de quarante privilégiés ont perdu la vie! ainsi ; avec ces Clubs, tant accusés de démocratie et de soif du sang des ci-devant seigneurs, c'est ce Peuple tant calomnié qui a fait tous les frais de la révolution ; et cette révolution est finie, et nous avons la Constitution la plus sage, la plus belle et la plus solide ; et nos voisins, les Liégeois et les Belges, tour à tour jouets du fanatisme et de l'aristocatie, s'entretuent encore avec des fers *resserrés*, et gémissent sous d'aveugles et malheureux instrumens, qui, *bientôt à la vérité*, deviendront eux mêmes ceux de la raison et de la philosophie..... Oui, notre révolution est finie, puisque l'opinion publique l'a faite, puisque tout le monde devient propriétaire de domaines nationaux, que l'intérêt même des mauvais Citoyens ne differe plus du nôtre, et qu'ils ne peuvent attirer de maux sur nous, sans en être accablés les premiers! Envain les Lévites dissidens refusent-ils de rendre les armes, ils feroient la conquête de la France qu'ils ne rentreroient pas *définitivement* dans

B ij

ces biens dont ils ont *si mal usé*. Envain tous ces petits déspotes détrônés s'éforcent-ils d'entraîner toute l'Europe sur les pas incertains de leur aveugle fureur, ils feroient la conquête de la France qu'ils ne détruiroient pas une Constitution établie par la sagesse divine, et destinée à régir *tout le Globe*, jusqu'à la consommation des siécles ; nous serions subjugés par un débordement de Scythes ou de Vandales, qu'il en arriveroit de nous, ce qui est arrivé aux Chinois si souvent envahis par les Tartares, les vainqueurs seroient les véritables vaincus ; car leurs loix cédroient aux nôtres; ils deviendroient Citoyens Français.... ils le deviendront bien sans cela !

Messieurs, votre but est d'une haute importance. Vous environnez nos Loix naissantes d'une nouvelle force toujours prête à les protéger, votre œil attentif ne les perdra jamais de vue, vous éclairerez les aveugles, vous soutiendrez la vertu chancelante des foibles, vous suivrez le cours de tous les événements politiques ;

parents, amis, intérêt particulier, nulle considération ne vous arrêtera, ne vous détournera ; en un mot, vous remplirez dans toute leur latitude les devoirs du Citoyen actif, et vous en receverez bientôt une digne récompense ; vous apprendrez à ces Émigrans rebelles qui, se berçant d'injustes chimeres, attendent de notre *ancienne légereté* le retour de nos malheurs, vous leur apprendrez, dis-je, que les abus sont sans espoir, et que le patriotisme, loin de péricliter en France, s'y avive et s'étend plus que jamais. En voyant une Ville, que son silence leur faisoit faussement compter dans leur faction, professer publiquement l'amour de leur pays, ils sentiront que, comme l'a dit un de nos plus grands Législateurs, ils ont pris jusqu'à présent leurs vœux pour des espérances, et qu'il est temps de rentrer dans une Patrie qui, malgré sa puissance et leurs fautes, ne cesse de leur tendre des bras maternels. Vous féconcrez, dans notre nombreuse jeunesse, le germe de toutes les vertus civiques ; vous verrez vos enfans exempts de préjugés, de souvenirs facheux ou inutiles, de toute habitude contraire, moins distraits et plus heureux que vous, marcher à grands pas et sans la moindre déviation, vers la connoissance de la Loi, et ne pas oublier que, s'ils valent mieux que nous, nous avons bien mérité d'eux. Et lorsque des circonstances vous appéleront dans d'autres régions de l'Empire, revêtus alors d'un caractere d'élus, vous trouverez par-tout des amis, des freres, une famille; c'est une conformité de plus qu'ont les Clubs nationaux avec une société vertueuse et savante, de laquelle ils sortent peut-être, où ils ont certainement puisé la lumière vivifiante, qui commence à leur faire place, et qui, dans peu *renonçant à ses mysteres*, leur donnera tous ses membres, comme elle leur a d'éjà donné tous ses principes. Le premier devoir de la place dont vous avez honoré mon zele, est, MESSIEURS, de prêter le Serment Civique; je crois que c'est par là qu'il nous faut commencer cette belle journée; je jure donc, et jurez avec moi, d'être fideles à la Nation, à la Loi et au Roi, jurons de maintenir la Constitution de tout notre pouvoir, & de sacrifier notre liberté même, s'il le falloit, pour assurer celle de la France.

Ce Discours a été vivement applaudi et tous les Membres composant la Société, ont prononcé le Serment civique avec l'effufion du vrai patriotisme. M. Commesnil a demandé que M. le Président voulut bien livrer son discours à l'impression. Cet avis étant devenu celui de l'Assemblée, M. le Président y a consenti. M. Cirille Lefebvre, à proposé, qu'il fut délibéré que le Procès verbal de la Séance présente fut en même tems imprimé : ce qui a été ainsi arrêté.

M. le Président a fait lecture d'un projet de réglement pour la Société ; plusieurs articles en ont été adoptés, et MM. les Secrétaires ont été chargés de les rédiger et d'en faire le raport à la prochaine Séance.

Il a été proposé que la Société s'abonnât pour la lecture de différents papiers politiques ; savoir ; du moniteur universel ; du Journal des amis de la Constitution, et des Annales patriotiques et littéraires ; qu'elle fit en outre l'emplete de la collection des Décrets sanctionés ; cette proposition ayant été unanimement agréée, M. le Trésorier a été prié de faire toute diligence pour effectuer incessament l'acquisition et les abonnemens proposés. Il a été de plus arrêté que les journaux, pour lesquels on s'abonnera, seront adressés à la Société, et remis chez son Trésorier qui les fera parvenir sans délai dans le lieu des Séances, afin que chaque membre puisse en prendre lecture sans déplacer.

La Société a délibéré qu'il seroit gravé pour son usage un cachet, et a chargé son Trésorier d'en présenter le dessein à la prochaine séance.

L'Assemblée ayant considéré qu'il est indispensable de faire un fonds pour subvenir aux frais des abonnemens auxquels elle s'est décidée, et aux premieres dépenses d'établisement, a arrêté que chacun des membres composant la Société se cotiseroit dès à présent, et que le montant de la cotisation seroit remis entre les mains de son Trésorier.

Un des premiers vœux de la Société naissante ayant été de correspondre avec le Club des Amis de la Constitution séant aux Jacobins à Paris, elle a unanimement arrêté que l'affiliation à cette Société mere seroit incessament demandée, et a chargé ses Secrétaires de faire une adresse à cette Société et de la faire tenir par le plus prochain courier à M. Dubois de Crancé, député à l'Assemblée Nationale et membre de ce Club, avec une lettre, pour le prier de la présenter, en lui annonçant qu'un exemplaire du présent Procès verbal lui sera envoyé aussitôt son impression.

M. le Président a levé la Séance à huit heures du soir, et a indiqué la prochaine pour samedi quatre heures de relevée.

LEFEBVRE (DEVILLE) Président.

CHATEAUX, } *Secrétaires.*
LEFOL,

A VITRY, de l'Imprimerie de S<small>ENEUZE</small>.

AVIS.

Il sera incessament établi près le lieu des Séances de la Société, une Boîte dont l'ouverture sera sur la rue et qui fera destinée à recevoir les Adresses, Avis, Mémoires &c. que les Citoyens vouderont soumettre aux délibératios de la Société.

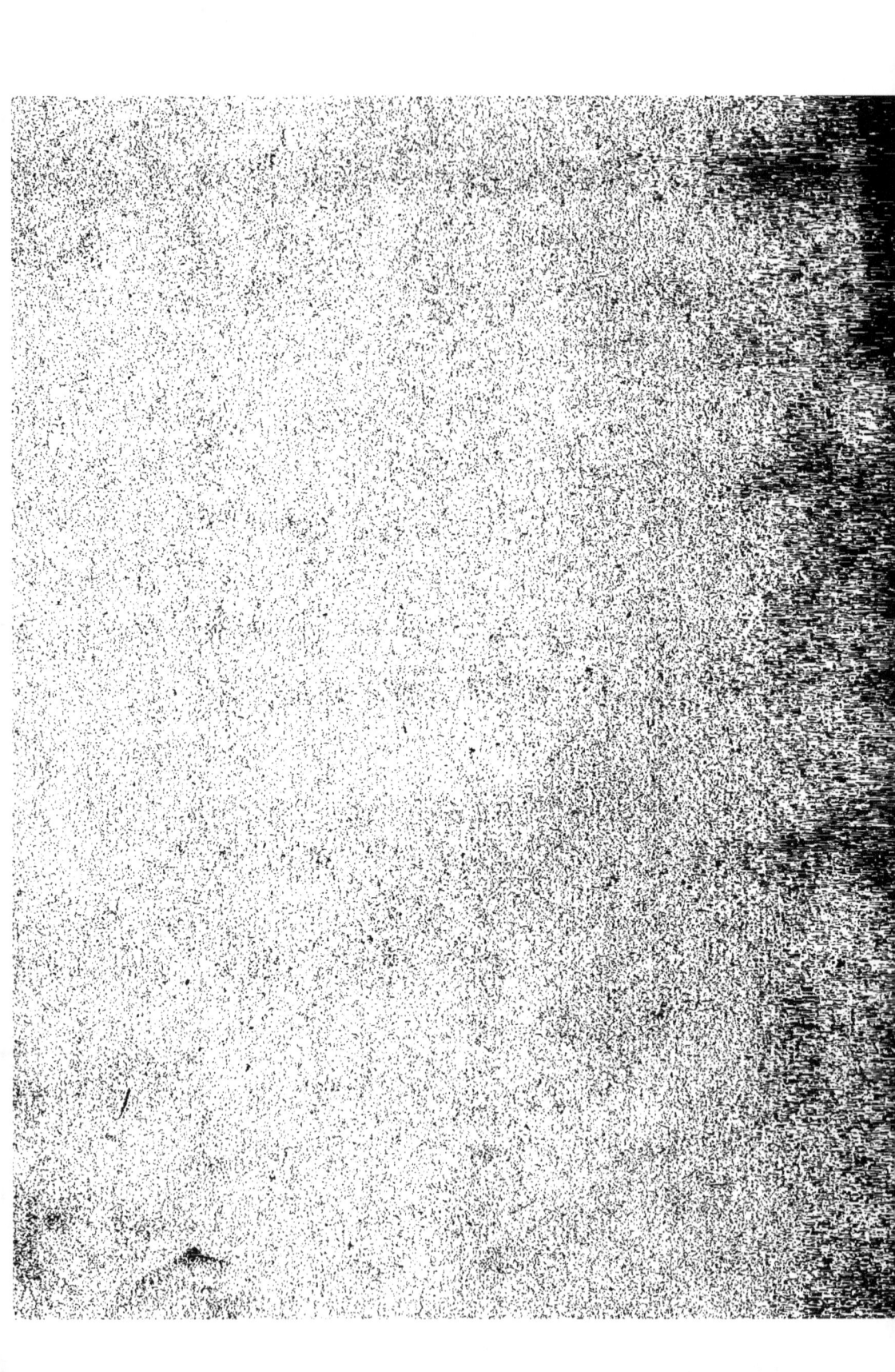

www.ingramcontent.com/pod-product-compliance
Lightning Source LLC
Chambersburg PA
CBHW070526050426
42451CB00013B/2869